洋务运动

○ 主编 金开诚

○ 编著 王立新

吉林文史出版社

吉林出版集团有限责任公司

图书在版编目（CIP）数据

洋务运动 / 王立新编著. —长春 ：
吉林出版集团有限责任公司，2011.4（2023.4重印）
ISBN 978-7-5463-5026-4

I. ①洋… II. ①王… III. ①洋务运动－通俗读物
IV. ①K256.109

中国版本图书馆CIP数据核字(2011)第053462号

洋务运动

YANGWUYUNDONG

主编/ 金开诚 编著/王立新

项目负责/崔博华 责任编辑/崔博华 钟 杉

责任校对/钟 杉 装帧设计/李岩冰 徐鸿印

出版发行/吉林出版集团有限责任公司 吉林文史出版社

地址/长春市福祉大路5788号 邮编/130000

印刷/天津市天玺印务有限公司

版次/2011年4月第1版 印次/2023年4月第5次印刷

开本/660mm×915mm 1/16

印张/9 字数/30千

书号/ISBN 978-7-5463-5026-4

定价/34.80元

前 言

　　文化是一种社会现象，是人类物质文明和精神文明有机融合的产物；同时又是一种历史现象，是社会的历史沉积。当今世界，随着经济全球化进程的加快，人们也越来越重视本民族的文化。我们只有加强对本民族文化的继承和创新，才能更好地弘扬民族精神，增强民族凝聚力。历史经验告诉我们，任何一个民族要想屹立于世界民族之林，必须具有自尊、自信、自强的民族意识。文化是维系一个民族生存和发展的强大动力。一个民族的存在依赖文化，文化的解体就是一个民族的消亡。

　　随着我国综合国力的日益强大，广大民众对重塑民族自尊心和自豪感的愿望日益迫切。作为民族大家庭中的一员，将源远流长、博大精深的中国文化继承并传播给广大群众，特别是青年一代，是我们出版人义不容辞的责任。

　　本套丛书是由吉林文史出版社和吉林出版集团有限责任公司组织国内知名专家学者编写的一套旨在传播中华五千年优秀传统文化，提高全民文化修养的大型知识读本。该书在深入挖掘和整理中华优秀传统文化成果的同时，结合社会发展，注入了时代精神。书中优美生动的文字、简明通俗的语言、图文并茂的形式，把中国文化中的物态文化、制度文化、行为文化、精神文化等知识要点全面展示给读者。点点滴滴的文化知识仿佛颗颗繁星，组成了灿烂辉煌的中国文化的天穹。

　　希望本书能为弘扬中华五千年优秀传统文化、增强各民族团结、构建社会主义和谐社会尽一份绵薄之力，也坚信我们的中华民族一定能够早日实现伟大复兴！

目录

一、内忧外患的清王朝

19世纪中期的清王朝已经危机四伏。规模宏大的太平天国运动席卷了大半个中国，沉重打击了腐朽不堪的清王朝。第二次鸦片战争的失败使中国半殖民地半封建社会的程度进一步加深。面对内忧外患，一些有识之士认识到了现代工业和科学技术的重要性，也认识到了我国与西方列强在现代工业和科学技术方面的巨大差距，于是以奕䜣、曾国藩、左宗棠、李鸿章等人为代表的一些朝廷重臣开始主张向西方列强学习，实行一场自救改革运动。洋务运动涉及军事、政治、经济、外交等方面，直至中日甲午战争中国失败而宣告结束。历时三十多年的洋务运动，其成败得失、是非功过一直为后人关注。

"当一个个屋顶倾塌下来的时候，四面墙垣的烈火也渐渐弥漫，喷出大大的、

一卷一卷的浓烟。我们想，对于这个帝国的命运，这是一种表示悲惨的预兆，它内部的基础已为自相残杀的内战销毁残蚀……结果四面被包围着，无处求救，最后喷出一口浓烟，服服帖帖地降服，迷失在它从前的烟雾里……殷红的火焰映在纵火军队的面庞上，使他们看起来仿佛恶魔一般。虽是毁坏他们所不能恢复的东西，却洋洋自得，觉得很光荣……号称'天子'的宫殿，现在充满了中国最贵重的一切物品的残屑零片。"这是一位目睹英法联军抢劫、烧毁圆明园的英国翻译的评述，真实地揭示了大清帝国在西方侵略者的铁蹄之下无以抗争的凄楚状况，同时也预示着清王朝的丧钟已经敲响。

（一）内忧——太平天国运动

鸦片战争后，丧权辱国条约及随之而来的西方经济侵略引起国人的强烈不满，中国社会矛盾空前激化。战时军费和对外赔款全部转嫁到广大农民和其他生产者身上。加上各级官吏的层层盘剥和地主阶级的摊派，农民的实际负担远远超过明文规定的纳税额。再加上白银大量外流、银价上涨及连年水旱灾害，人民生活境况极端悲惨。1846年1月，两广总督下令张贴开放广州城的布告时，引起民众不满，知府衙门被反对媚外官吏的民众烧掉。迫于民情激愤，英方不得不同意清廷延缓两年开放广州。1850年，沙俄不断侵扰黑龙江地区，各地农民暴动频繁。1851年1月11日（咸丰元年），爆发了广西金田起义。中国进入了旷日持久的内战，清朝当局先后与南方太平天国、北方捻军、甘陕叛军大战。其中太平天国把中国历史上的农民运动推向了最高峰。在洪秀全的领导下，太平军势如破竹，很快占领永安。清廷虽然调集50万八旗子弟和绿营兵构筑"江北大营"和"江南大营"进行围剿，都无济于事。1852年年底，太平军连续攻克汉口、汉阳、武昌，队伍发展到50万人。1853年春，太平军分水陆两路沿长江东下，于3月19日占领了南京。洪秀全把南京改名为天京，作为太平天国的都城。

定都天京后，太平军分兵实行北伐和西征。起义军直逼清王朝的政治中心，并控制了湖北东部和江西、安徽大部地区。不久，太平军在天京外围又击破了清军江南大营、江北大营，太平天国在军事上达到全盛时期。太平天国运动是中国近代史上规模巨大、波澜壮阔的一次伟大的反封建反侵略的农民运动，势力席卷大半个中国，建立了政权，动摇了清王朝的统治。 在太平天国运动风起云涌之时，早就活动在安徽、山东、河南一带的农民秘密组织捻军成为太平天国在北方的友军，他们活跃在淮河

南北，直至山东、河南，迫近清朝心脏地
区。

（二）外患——第二次鸦片战争

正当清政府为镇压农民起义而疲于
奔命时，西方侵略者又加快了侵略步伐。
鸦片战争的失败以及一连串不平等条
约，使中国部分主权遭到严重的破坏，鸦
片战争开启了之后百年饱受西方帝国主
义侵略的历史。侵略者们不满足已经取
得的特权和利益，蓄意加紧侵犯中国主

权,扩大在华市场,进行经济掠夺。1854年,英国向清政府提出全面修改《南京条约》,要求中国全境开放通商,鸦片贸易合法化,进出口货物免交子口税,外国公使常驻北京等。法、美两国也分别要求修改条约,清政府则予以拒绝。1856年,美国在英、法的支持下,再次提出全面修改条约的要求,仍被清政府拒绝。于是,西方列强决心对中国发动一场新的侵略战争。在俄、美支持下,英、法两国借口"亚罗号事件"和"马神甫事件"于1856—1860年(咸丰六年至十年)联合发动了侵华战争,因为这场战争的实质是鸦片战争的继续和扩大,历史上称之为"第二次鸦片战争"。

英法联军相继占领广州、到达天津,迫使清政府派出了以大学士桂良、吏部尚书花沙纳为代表的交涉团前往天津议和。1858年6月26日和27日,分别与英、法签订了《天津条约》。而美、俄两国则在此之前就分别与清政府签订了《天津条约》。这些条约规定了公使驻京、增开商埠以及赔款等内容。此外,俄国还趁火打劫,在1858年5月底迫使黑龙江将军奕山签订了《中俄瑷珲条约》,割去了黑龙江以北60多万平方公里的领土,还特别规定:两国派员查勘"以前未经定明边界",务必要在明确界限后补充到这个条约中,从而为沙俄进一步掠夺中国领土埋下了伏笔。《天津条约》签订后,英法联军撤离天津,沿海路继续南下。咸丰帝此时对条约内容又感忧虑,令桂良等在

上海与英、法代表谈判通商章程时，交涉修改《天津条约》，取消公使驻京、内地游历、内江通商等条款，并设法避免英、法到北京换约。11月，桂良等人与英、法、美代表分别签订了《通商章程善后条约》，规定：鸦片贸易合法化；海关对进出口货物照时价值百抽五征税；洋货运销内地，只纳2.5%子口税，免征一切内地税；聘用英国人帮办海关税务。但是，英法方面均不容变更《天津条约》的各项条款，并坚持要在北京换约。

1859年6月24日英法联军再次突袭大沽炮台，并于1860年10月6日进入北京，闯入圆明园，在大肆抢劫之后，将圆明园烧毁。大火连烧3天，烟雾笼罩北京全城，北京陷落。咸丰帝令其弟恭亲王奕䜣留守北京，负责求和事宜，自己仓皇逃往热河（今河北承德）。1860年10月24日和25日，中英、中法《北京条约》签订；11月14日，中俄《北京条约》签订，割占中国领土

40万平方公里。至此, 第二次鸦片战争结束。

中国再次损失了大量主权和领土, 英国进而割占九龙司地方一区, 而沙俄割占中国一百多万平方公里土地, 使中国领土完整进一步受到破坏。而外国公使进驻北京的规定, 更为外国侵略者直接控制清政府提供了条件, 向半殖民地道路又前进了一步。第二次鸦片战争后, 中国增开了包括天津在内的11处通商口岸, 使外国侵略势力从东南沿海扩展到整个沿海, 从沿海深入到内地。还有对外国人、外国船的特殊规定, 使侵略活动更加有恃无恐。其中, 鸦片贸易合法化、华工出国及允许外国人前往内地传教, 都使中国半殖民地化程度进一步加深, 中国的社会矛盾更加激化。

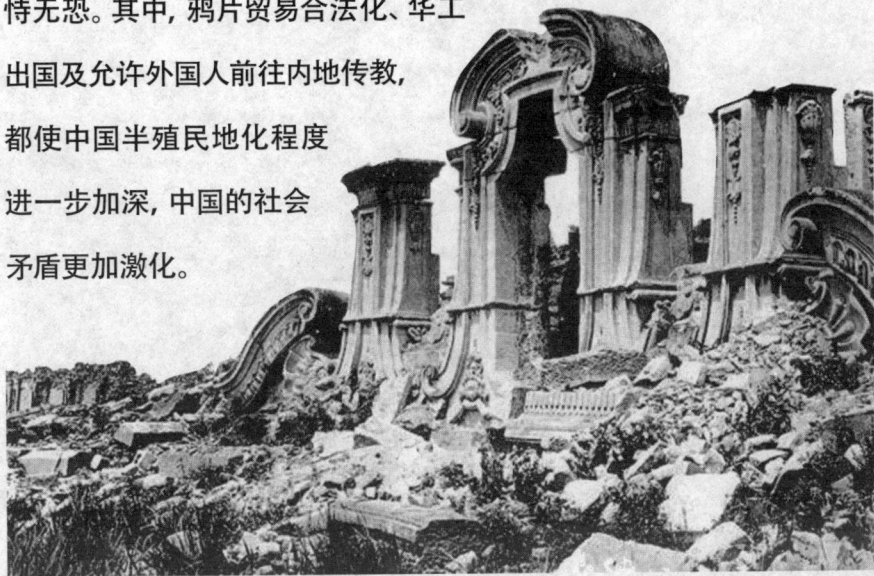

二、晚清政局的变化

内忧外患使清王朝处于生死存亡的时刻。为了自身的存在和发展，晚清统治集团不能不正视现实、痛定思痛，寻求新对策。对外，不惜以最大代价尽快结束战争，换取暂时的和平。面对残暴的侵略者，晚清统治集团深感无力抗衡，不得不屈从于列强的无理要求，不惜出卖大量权益进行妥协，迅速签订《北京条约》，以此为代价换取了中外关系的暂时缓和，使清王朝得到喘息。对内，尽可能维护和加强封建君主专制体制，维系封建统治集团内部的关系，巩固和加强国家机器的统治，由此导致了晚清政局的变化。

（一）总理衙门的建立

鸦片战争前，清政府认为同外国的关系仅是"理藩而已，无所谓外交也"。外国使臣来华，都由理藩院或礼部接待。鸦片战争后，由两广总督专办与欧美国家的交涉，并赐予钦差大臣头衔，称为"五

口通商大臣"。《天津条约》和《北京条
约》相继签订后,各国相继在中国设立使
馆、派驻使节。他们为控制清政府,不愿
意以"蛮夷"的身份同带有封建衙门习气
的清政府的外交机构"理藩院"打交道,
同时认为地方总督无权处理涉外事务,
多次要求建立专门机构。而清政府与英、
法等国签订《北京条约》后,对外交涉事
务增多。恭亲王奕䜣、大学士桂良、户部
左侍郎文祥等人联名奏请在京师设立总
理各国事务衙门,接管以往礼部和理藩
院所执掌的对外事务。1861年3月1日咸丰

帝批准成立总理各国事务衙门，简称"总理衙门"。

　　总理衙门是清政府为办洋务及外交事务而特设的中央机构。由亲王或军机大臣统领，并按军机处体例，设大臣、章京两级职官。总理衙门刚设立时，奕䜣、桂良、文祥三人为大臣，此后人数略有增加，从七八人至十多人不等，其中奕䜣任职时间长达28年之久。总理衙门主管外交、通商及其他洋务事宜，它下设英国、法国、俄国、美国、海防五股，同文馆和海关总税务司署是其附属机构。还管辖南洋通商大臣和北洋通商大臣，选派出国公使等，也有自己的银库。其中，英国股主办与英国、奥地利两国交涉事务，兼办各口通商及各关税事务等事；法国股主办与法国、荷兰、西班牙、巴西四国交涉事务，兼办管理保护教民及招用华工等事；俄国股主办与俄国、日本两国交涉事务，兼办陆路通商、边防疆界、外交

礼仪、本衙门官员的考试任免、经费开支
等事；美国股主办与美国、德国、秘鲁、
意大利、瑞典、挪威、比利时、丹麦、葡
萄牙交涉事务，兼管海防设埠、保护华
工等事；海防股主办南北洋海防，包括长
江水师、北洋海军、沿海炮台、船厂以及
购置轮船、枪械、制造机器和置办电线、
铁路、矿务等事。中日甲午战争后改名日
本股。总理衙门最初主持外交与通商事
务，后来涉及外交及与外国有关的财政、

关税、军事、教育、矿务、交通、邮电、同文馆等，无不归该衙门管辖。总理衙门存在了40年，直到公元1901年光绪（二十七年），据清政府与列强签订的《辛丑条约》规定，总理衙门改为外务部，但在六部中地位仍是最高的。

总理衙门记录了19世纪末日薄西山的大清帝国与欧美各列强进行外交周旋的全部过程。特别是改名为外交部后，其具体职责基本相同，但已经成为晚清政府最重要的决策机构之一。在总理衙门之下，分设北洋、南洋通商大臣，南北洋大臣为专职，在业务上是相对独立的，与总理衙门的关系是平行的，兼办海防和其他洋务。在遇到疑难问题时，可与总理衙门协商，由总理衙门备顾问并代奏朝廷。随后，正式成立总税司署，由英国人李泰国为总税务司。总税务司掌管了中国海关的业务和人事大权。1863年李泰国离任回国，由英人赫德继任达40多年。

从某种程度上讲，总理衙门的成立是洋务运动开始的更重要标志。此后，列强从自身利益出发，改变对华策略，由"打"变"拉"——有的馈赠洋枪洋炮，有的愿派教官帮助训练清军，有的甚至要主动出师帮助清廷剿杀太平军，企图用各种手段扶持这个摇摇欲坠的反动政权以使刚刚签订的条约尽快得到兑现。清王朝则批准由奕䜣代表总理衙门提出的"外敦信睦而隐示羁縻"的方针，力图"以和好为权宜，战守为实事"，利用暂时和缓的国际环境加强抵御外侮的力量。

（二）辛酉政变

第二次鸦片战争刚结束，1861年8月咸丰帝病死在热河，他的妃子那拉氏（慈禧）勾结恭亲王奕䜣等人在英国驻北京公使的支持下，密谋策划，发动了辛酉政变，夺取了清政府的最高权力。从此，在

那拉氏垂帘听政的近半个世纪里，由于她执行了"量中华之物力，结与国之欢心"的卖国路线，使中国越来越深地陷入灾难重重的黑暗深渊。

辛酉政变是清朝最高统治集团的政治斗争，其结果使得清政府的权力格局发生了重大变化。咸丰帝在位时，咸丰帝与其弟恭亲王奕䜣，因皇位继承问题，彼此不和。奕䜣遭到罢斥，咸丰帝转而重用肃顺。肃顺精明强干，但为人专横跋扈，排斥异己，权欲很强，他与怡亲王载

全国重点文物保护单位

避暑山庄

中华人民共和国国务院
一九六一年三月四日公布
河北省人民委员会立

垣、郑亲王端华等人结党操纵朝政。肃顺等人常以除弊为名，屡兴大狱，株连百官，结果不仅未能制止官场上的腐败现象，反而闹得众怨鼎沸、人人自危，使自己处于孤立的境地。奕䜣被咸丰帝调离军机处回上书房读书，几乎断绝了其在政治上发展的可能。

1860 年 9 月当英法联军攻陷北京之际，咸丰帝在出奔热河前，任命奕䜣为钦差大臣，见机行事，负责和列强谈判。这似乎恢复了奕䜣的政治地位，给人委以重任的印象。但事实上，奕䜣在北京主持政务，不但受到排挤，更像咸丰帝抛弃其他臣民一样，将自己的弟弟——长期以来的一个潜在对手，留给洋人处理了。但后果竟事与愿违，随着客观形势的变化及奕䜣的政治才能发挥，他不仅成功地完成了与列强的谈判，而且赢得了留守京城的王公大臣（如大学士桂良、协办大学士、户部尚书周祖培、吏部尚书全庆及潘

祖荫、宋晋等人）及僧格林沁、胜保等统兵大员的好感，树立起自己的威信。通过签订《北京条约》和处理一系列善后事项，奕䜣开阔了眼界，改变了"华夷"等传统僵化的观念，也因而获得了外国人的好感。英法联军撤出北京后，奕䜣等人一再奏请咸丰帝回京，肃顺等人却极力阻挠。就这样，在清朝中央实已形成了热河和北京两个权力中心。

1861年8月22日，咸丰帝病逝，年仅6岁的皇子载淳继位，改年号为"祺祥"。咸丰帝留下遗诏：命载垣、端华、肃顺、景寿、穆荫、匡源、杜瀚、焦佑瀛八人为顾命大臣，总摄朝政，辅佐幼小的皇帝。八大臣执政完全把留守北京的奕诉排斥在外，又不许慈禧太后干预政事，终使清朝最高统治集团内部的权力斗争激化起来。慈禧是一个权力欲极强的女人，想趁载淳年幼夺取最高权力，她把东宫太后慈安拉到自己一边，又暗中联络在京的奕䜣。奕䜣在取得外国势力的支持后，借奔丧之名，前往热河，与慈禧密谋政变，而后又立即返京进行布置。在两宫太后的催促下，八大臣被迫同意带着咸丰灵柩回北京。10月26日，两宫太后带着小皇帝载淳启程回京，肃顺护送咸丰帝灵柩在后。11月1日慈禧等人抵京。次日即发动政变，八大臣在政变中失去了一切。载垣、端华被赐死，肃顺被处斩立决，至于景寿等五人被革职。而八大臣的心腹一大批中央政府官员被革职。同时，宣布"两太后垂帘听政"，命奕䜣为议政王，掌管军机处。

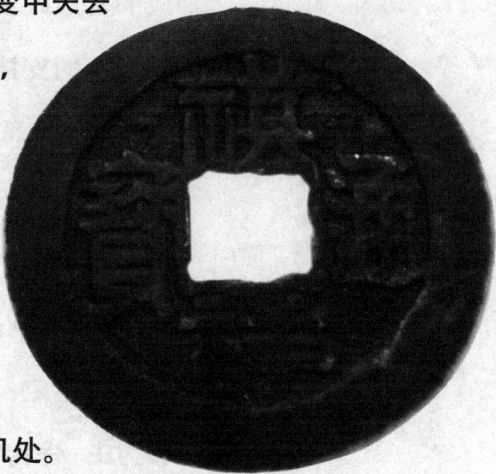

桂良、文祥、沈兆霖,宝鋆、曹毓瑛等人也被任命为军机大臣。这一政变因发生在农历辛酉年,因此被称为"辛酉政变",也称"北京政变"或"祺祥政变"。而后又改年号"祺祥"为"同治"(同治年号的来历,有两种说法:一是取开国祖宗"顺治"年号,以示吉利;二是说两宫太后共同治理天下,或者说是母子共同掌权)。

辛酉政变是一场由清王朝内外矛盾的激化和最高统治层内权力斗争而演变成的宫廷政变。政变者由于得到多数文武大臣的支持,又采取了不株连的明智政策,在政局没有发生重大动荡的情况下完成了权力的移交。慈禧、奕䜣上台后,继续依赖曾国藩的湘军镇压太平天国。在对外问题上,他们改变了道、咸两朝和战不定、疑惧重重的政策,实行以和为主、保持中外"和局"的新政策。慈禧在处死载垣等人时，特别把"不能尽心和议"列为罪状，显然意在讨好外国侵略者。西方列强对政变的结果表示满意。英国公使普鲁斯向国内报告说：这次政变的结果对我们英国十分有利。英国在中国办的《北华捷报》也写道："我们要比以往任何时期都更有必要去支持帝国的现存政府。"辛酉政变的全过程充斥着宫廷阴谋与统治者对权力再分配的欲望。但是，实质上是新兴政治集团对顽固守旧力量的胜利。"辛酉政变"后，慈

禧太后夺取了清政府的最高统治权力。从那时起,她统治中国达半个世纪之久。恭亲王奕䜣在政变中起了至为重要的作用,政变成功后,奕䜣成为议政王大臣并掌管军机处、总理各国事务衙门、内务府、宗人府等要害部门的实权,在中央政权中发展起自己的势力,逐渐成为清政府的决策人物。清政府中央权力结构的这一变化,对中国的政治格局产生的重大影响,清王朝实现了与西方列强的"合作"。

(三)"借师助剿"

1861年下半年发生了四件大事。8月22日咸丰帝病死,9月5日湘军攻陷安庆,11月2日北京辛酉(祺祥)政变,12月9日太平军攻占宁波。它们像催化剂一样,促使了影响晚清政局的重要事件"借师助剿"的实现。咸丰帝作为清王朝最高统治者，他对西方的态度是和战不定。咸丰帝曾在相关奏折中批示，借助西方蛮夷各国力量剿灭太平天国这些匪寇，会有太多的弊病，千万不能贪图眼前的一时之利，而结果是后患无穷。他所信任的肃顺集团对外国侵略者也心存疑忌。咸丰帝之死和辛酉政变消灭了肃顺集团，就排除了"借师助剿"的一大阻力。

辛酉政变成就了慈禧—奕䜣的权力组合，让"万国友人"感到放心和满意，因为新一届大清帝国中央政府非常乐意与他们合作。政变后，奕䜣和慈禧向外国侵略者表现出非常明显的"友好"姿态。对此，上海《北华捷报》预言："有利于外国在华权益的恭亲王掌握权力，我们有充分理由相信，不久，外国的代表将对北京政府发挥较大的影响。"新的当政者一上台，立即授权曾国藩统辖江苏、安徽、江西、浙江四省军务，并于1862年2月

颁发"借师助剿"上谕。其实早在《北京条约》订立时，法、俄两国首先提出帮助清政府镇压太平天国的建议。法国专使葛罗表示："所有该国停泊各港口之船只兵丁悉听调遣"。俄使伊格那提也夫面见奕䜣表示为镇压南方太平军，请清军从陆路进攻，"该国拨兵三四百名在水路会击，必可得手"。接着俄国把以前答应送给清政府的一万支枪、若干门炮运到中国。早在1854年就狂言"剿贼自任"的美国，现在则积极要求为清军运送漕粮。关于是否借用外兵问题，清廷进行了几次讨论，少数人反对，奕䜣等多数官僚表示欢迎"中外同心以灭贼为志"。与此同时，汇集在上海的买办官僚、大地主、大商人如吴煦、杨坊等，则加紧活动，支持洋人组织洋枪队。

"借师助剿"政策最积极的履行者是从曾国藩幕僚中脱颖而出、组织淮军的新任江苏巡抚李鸿章，他也是最富有成果、得实惠最多的地方大员。 1862年4月，李鸿章被朝廷调派去保卫上海，他与英法组成"中外会防局"，决定上海由洋人防守，得到清政府的批准。李鸿章得到了洋人的财力和军事支持，英国人和法国人甚至组建了数千人的"常胜军"之类的雇佣军队伍赞助他建功立业。俄国也给清廷送来50门大炮和1万支枪，并直接派兵拦截进攻上海的太平军。各国"洋枪队"也鼎力相助，"借师助剿"成为清政府的国策。

三、洋务思想的形成和洋务派的兴起

(一) 变局之下的分歧

鸦片战争前，中国是一个独立自主的封建国家。由于中国的自然经济占统治地位，外国商品难以进入中国市场。1840年，英国发动了侵略中国的鸦片战争。战争中，清政府迅速失败。英国强迫清政府签订《中英南京条约》，中国的主权独立和领土完整开始遭到破坏，从封建社会开始沦为半殖民地半封建社会。鸦片战争震撼了大清帝国，列强的坚船利炮冲开了清政府闭关自守的大门，中国面临着数千年来从未有过的强大敌人的挑战，沉睡的中国，有少数知识分子开始觉醒，一股"向西方学习"的新思潮萌发了。在学习西方先进科学技术和思想文化的共识下聚集起来，不同出身、不同地位的人们，形成了一股强大的政治势力——洋务派。洋务派是在第二次鸦片战争以后、特别是在镇压太平天国运动的过程中逐渐形成、壮大的统治阶级内部的一个政治派别。洋务派代表人物有在北京主持对

外和谈的恭亲王奕䜣、文祥及镇压太平天国前线的主要将领曾国藩、左宗棠、李鸿章等官员。因为当时的顽固派的势力太强大，洋务派并不敢在中央明目张胆地进行洋务活动。当时顽固势力的总代表慈禧太后是很仇视洋务派的，并且很会耍手腕，奕䜣等官员并不敢轻易得罪她，所以总理衙门尽管是洋务运动在中央的推动机构，却无法具体实施活动。

辛酉政变前，清朝最高权力掌握在

咸丰及其亲信手中。咸丰即位之初正逢太平天国农民战争及各地农民和各族人民的反清起义，一时间，清朝政权处于风雨飘摇之中。正当清政府全力应付各地起义之际，外国列强又对中国发动了第二次鸦片战争。对清政府来说，这无疑是雪上加霜。咸丰等人对列强理所当然地产生了仇恨心理，在战争中总的来看是采取了强硬政策，或避或推或拖延，对列强的要求始终不愿意答应，如有机会还组织力量进行抗击。而列强却毫不客气地攻陷广州、天津、北京，咸丰不得不带其亲信逃往热河。此时，他们对列强的

仇恨心理便愈益加重。在这种背景下，咸丰自然顾不上考虑如何学习西洋的"长技"，他的仇外心理也成为他真正认识西洋"长技"的绝大障碍。留在北京与英法列强议和的奕䜣，他的思想要比跑到热河的咸丰及其亲信灵活得多。在与列强打交道的过程中，他传统的华夷观念发生了变化，认为英法等国"并不利我土地人民，犹可以信义笼络"，而主张"外敦信睦而隐示羁縻"。他并不认为英法是大敌，而是把镇压人民起义作为当务之急，提出"灭发捻为先，治俄次之，治英又次之"的方针。等到他对西洋长技有所认

识后又提出了他的"自强"之道:"探源之策,在于自强。自强之术,必先练兵。"如何练兵?他认为"若能添习火器,操演技艺,训练纯熟,则器利兵精,临阵自不虞溃散"。这里说的"火器"是指洋枪洋炮。当然, 这时对洋枪洋炮有所认识并主张为我所用的并不止奕䜣一人。在太平天国战场前线的两江总督曾国藩在1861年(咸丰十一年)就提出了"将来师夷智以造炮制船,尤为可期永远之利"的思想。可以说, 在19世纪60年代初统治阶级内部已有一部分人开始具有向西方学习的洋务思想,奕䜣是这一部分人中地位最高的官员。尽管如此,奕䜣等人并不能左右当时清廷的方针政策,真正的决策者是具有很深仇外心理的咸丰。在这种形势下,洋务运动很难起步,即使能起步,也举步维艰。

(一) 洋务运动起步

1861年在清廷内部爆发的"辛酉政变"则为实现这种局面提供了条件。1861年8月,咸丰帝死去。他去世前,已开始在对内对外政策上实行转移。不过,随着他身体的衰朽,统治集团内部觊觎最高权力的各派政治势力已开始暗中展开较量。咸丰帝去世后,5岁的幼子载淳继位。在封建专制时代,这意味着最高权力出现了真空。各派政治势力立即展开一场无情厮杀,最终被慈禧、奕䜣集团攫取了最高权力。奕䜣是咸丰帝的同父异母弟,天潢贵胄,位极人臣。他在北京主持与侵略者谈判过程中,开始萌发借西法以自强的思想,并积极上奏请求实行。慈禧上台之初,既无从政经验,更无军政实力,对奕䜣倍加宠信,封为议政王;对他的建议则言听计从。因此,同治初年的政治与其说是两宫同治,不如说是慈禧与奕䜣

同治，并在很大程度上向奕䜣倾斜。他们为巩固到手的权力，对政敌采取区别对待、分而治之的办法；对支持其上台和在各地各要害机构的官员则尽可能予以抚慰和利用；特别是对手握重兵活跃在镇压太平军前线的汉族官员则予以更大的权力，千方百计维持统治集团的稳定；另一方面则加速对太平军的围剿。正是在这种前提下，恭亲王奕䜣和曾国藩、李鸿章、左宗棠等人受到空前的重视与信任。

他们在清廷的支持下，很快于1864年攻破南京，镇压了以太平天国为中心的人民起义，稳定了晚清政局。

　　然而，洋务运动得以兴起的根本条件，在于清廷很大程度上采纳了洋务派利用时机借法自强的主张。在第二次鸦片战争和镇压人民起义的过程中，洋务派领教了没有洋枪洋炮的苦头和掌握洋枪洋炮的甜头，并将武器装备落后作为对外战争失败的主要因素。因此，对外战争一结束，他们立即主张"借师助剿"，利用镇压人民起义的机会学习使用和仿制西洋船炮。洋务派的主张和实践适应了晚清统治集团在战败局面下御侮自强、复仇雪耻的愿望，主张将练兵、制械、加强海防、以图自强作为立国的"一件大事"。主持军机处和总理衙门的恭亲王奕诉则多次上疏呼吁亟筹自强之策。1864年（同治三年），他接受李鸿章等人的建议，提出："治国之道，在乎

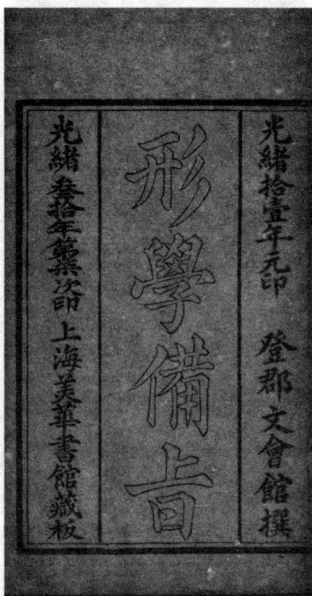

自强,而审时度势,则自强以练兵为要,练兵又以制器为先"的论断。他强调说,"洋人之向背,莫不以中国之强弱为衡","我能自强,可以彼此相安,潜慑其狡焉思逞之计,否则我无可恃,恐难保无轻我之心,设或一朝反覆,诚非仓猝所能筹划万全。今即知其取胜之资,即当穷其取胜之术"。 奕䜣等人的建议立即得到清廷批准。晚清中央和地方这种大体一致的认识和举措,显然为洋务运动的顺利兴起提供了较为适宜的政治条件。

(三)洋务派形成与洋务运动兴起

洋务派遂得以冲破阻力,承担了他们从来没有承担过的责任,扮演了并不熟悉的角色,倡导和推动了以"自强""求富"为中心的洋务运动。 他们研究了解西方情势,并提出模仿西法"师夷长技以自强"的呼声。辛酉政变之后,晚清政局剧变。两宫太后垂帘听政、恭亲王奕䜣辅政的制度建立了起来。由于慈禧地位尚未巩固，主要还依靠奕䜣的支持，议政王奕䜣权倾朝野。这时期，清政府的方针大计主要是靠奕䜣来拟定。在外交方面，奕䜣主要推行的是"中外和好、相安无事"政策，在此基础上"借师助剿"镇压农民起义。在内政方面则是大力主张兴办洋务，以图"自强"。由于有主张借法自强的奕䜣在中央秉政，谈论或筹办洋务再也无需偷偷摸摸了，全国从中央到地方谈论洋务的人多了，办洋务的人也多了。中央除奕䜣外，还有军机大臣兼总理衙门

大臣文祥、桂良，地方上的封疆大吏曾国藩、左宗棠、李鸿章、沈葆桢、丁日昌、郭嵩焘等人都积极主张并从事兴办洋务。在他们的周围又都各自聚集了一批比较了解国内外形势、希望通过兴办洋务使中国达到富国强兵的开明知识分子。这样，在清朝统治阶级内部一个具有相当强大势力的政治集团——洋务派就形成了。

由于有奕䜣的倡导和支持，洋务派在同治初年的许多举措基本得到了清廷的支持。尽管奕䜣贵为当时的恭亲王，并且是总理衙门的主持人，而且中央以满族官员为主，但是洋务派的主要活动势力并不是他们，而是掌握地方实权的都督和巡抚。因为当时的顽固派的势力太强大，洋务派并不敢在中央明目张胆地进行活动。而曾国藩、李鸿章等人之所以敢逆龙鳞而顶风推行洋务运动，是因为经受了两次鸦片战争打击和太平天国运动及捻军的冲击，清朝统治者第一次感到了生

存危机。而以镇压太平天国运动起家的
曾国藩、李鸿章等人在镇压的过程当中
亲身体验到了西方坚船利炮的厉害。所
以他们决定学习西方的先进军事技术,
加强自身的军事实力,企图以此来迅速
地平定太平天国运动。他们不像顽固派
那么冥顽不化,仇视一切外洋事物,而是
愿意和外国人打交道,尽管目的是学习
他们的军事技术;而西方人也希望清廷
中能出现一批能和他们打交道的人,曾
国藩等人的出现,使他们觉得自己的想法
有了落脚点,所以把希望寄托在他们身
上。被洋人吓破了胆的慈禧太后丝毫不
敢得罪洋人,而曾国藩、李鸿章等人有洋
人的撑腰,而且在镇压太平天国的过程
中的确是功劳甚巨,慈禧太后保不定日后
还得仰仗他们,所以并不敢对他们轻举
妄动。更重要的是,慈禧太后也希望早日
把太平天国运动镇压下去,维护、巩固自
己的统治,而且她在夺取清朝最高统治

权的过程中曾得到过西方国家的支持或默许，因此并不敢轻易得罪西方国家。因此，在洋务派的活动没有威胁到自己的利益时，慈禧太后对曾国藩、李鸿章等人的活动至少是采取了默许的态度。在慈禧太后的默许和奕䜣等权力派的提倡和支持下，洋务运动在全国范围内迅速兴起。

　　洋务派在得到慈禧太后的默许后，于19世纪60年代到90年代掀起了一场以"师夷长技以自强"为目的的洋务运动。洋务运动是指在"自强""求富"等口号

下进行的一系列活动。主要是采用西方先进技术，创办了一批近代军事工业和民用工业，同时还进行了筹划海防、创办新式学堂、派留学生出国等活动，这也是洋务派的主张在经济、军事和教育等方面的具体表现。洋务运动的内容很庞杂，涉及军事、政治、经济、外交等，而以"自强"为名，兴办军事工业并围绕军事工业开办其他企业，建立新式武器装备的陆海军，是其主要内容。

四、洋务派与顽固派的论争

晚清统治集团原本都是顽固派，第二次鸦片战争结束以后，洋务运动兴起。洋务派是从顽固派阵营中分化出来，两派维护和巩固封建统治的目的是基本一致的，但采用的手段和方法却迥然不同。洋务派主张向西方学习，引进西方科学技术，顽固派则坚持中国的封建传统，反对西学。两派最激烈的论争共有三次：第一次是1867年（同治六年），围绕着同文馆

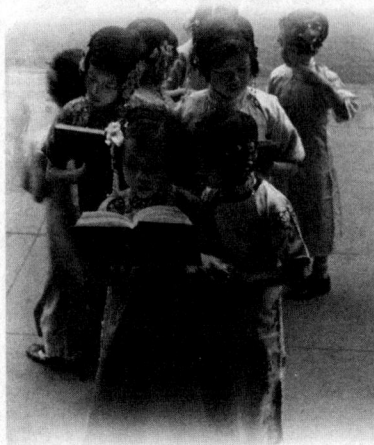

培养洋务人才，应否招收正途出身学员问题的论争；第二次是关于派遣留学生的激烈争论；第三次是1882年（光绪八年）围绕着设厂制造船炮机器、筹备海防和建筑铁路问题的论争。

（一）有关同文馆之争

奕䜣、曾国藩等人总结了鸦片战争以来对外交往的一些经验教训，指出："和外国人打交道，必须先了解他们的情况，做到知己知彼。而要熟悉外国的政治、地理、历史和现状，就必须要精通它的语言，以至于不会受外国人的欺骗"。1862年，清政府批准了奕䜣的建议，在北京开办了我国近代第一所新型的外国语学校——京师同文馆。该馆最初只是以培养中国翻译人员为目标，只设立一些外文馆，如英文馆、俄文馆、法文馆等，以学习外国语言为主。后来，奕䜣建议增加天文、算学馆，招收30岁以下的秀才、举人、进士、翰林及科举出身的五品以下的官员入学，还希望延聘洋人教师。此建议一提出，就遭到了朝廷中一批守旧官僚反对，由此引发了洋务派与顽固派之间的第一场大论战。

顽固派官僚认为，招人学外语，聘请洋人为师已经是在胡闹，现在竟要一批经过科甲考试而走"正途"的人去学习外国的"奇技淫巧"，这不仅会冲击中国的传统学术，而且还势必动摇士大夫、官僚安身立命的根基——"中学"（传统的儒家思想倡导的三纲五常、仁义礼智信）。他们抬出了"礼义廉耻""天道人心"和"用夏变夷"等封建教条，全面地反对学习"西学"。大学士倭仁认为：国家的指导思想应该是遵守"祖训"，而不应该崇尚权谋；国家稳定的基础应该是人心，而不是什么技术、手艺。即使科学馆中出了有成就的人，也不过是懂点儿算数，自古

以来就没听说过凭借一点数学知识就能够改变衰弱局面的，并危言耸听地说，如果用洋人当老师就会落入了洋人的圈套。顽固派攻击洋务派提倡"西学"，是"捐弃礼义廉耻的大本大原"，是"败坏人心"，是"用夷变夏"；甚至攻击侈谈洋务者是"祸国殃民"，是"洪水猛兽"。对于顽固派的反对理由，奕䜣等人不以为然，嘲讽顽固派只会"空谈西方的不是，以此来骗取天下人的支持"，洋务派责问倭仁等人，既然把西方各国看作仇人，那就应该有卧薪尝胆的远大志向，发愤图强。恰恰相反，顽固派只会空谈道义，这对于千疮百孔、危机四伏的现状根本没有任何现实意义。洋务派强烈批评倭仁等人言论中的偏见和短见，并再三告诫说，想维持长久安定，就应学习西方先进技术来装备自己，以达"自强"。当时的西太后还离不开奕䜣的帮助，所以在这场论战中基本赞同奕䜣的主张。最后以奕䜣等人的获胜而结束这场争论。1867年, 天文、算学馆举行招生考试, 72人参加考试, 录取30名, 正式开馆。但所录取的30名, 半年后经复试后仅留下10人, 而被并入英、法、俄文馆, 天文、算学馆名存实亡。

(二) 关于派遣留学生激烈争论

1871年, 曾国藩等人奏请选拔一些聪明的孩子到外国去学习, 并上奏力陈遣派留学生的好处和计划。1872年清政府采纳了这些建议, 正式派出第一批幼童赴美学习。从1872年到1875年, 共派出学生120名。这批留学生主要学习与工业相关的学科, 如造船、开矿、邮电、机械工程、交通运输等。几年后, 翰林出身的陈兰彬任驻美公使, 他初到美国, 总是摆出大清官员的威风。孩子们长了个子, 也长了知识, 淡薄了国内的繁琐礼节。见了他没一人行跪拜礼, 陈兰彬勃然大怒。他

联合驻美总监吴嘉善上奏朝廷，以留美学生"腹少儒书，德性未坚，尚未究彼技能，实易沾其恶习"为由，建议撤回全体学生，说他们是"外洋之长技尚未周知，彼族之浇风早经习染"。1881年夏，奕䜣接到陈兰彬奏折，征求李鸿章意见，李建议半裁半留；当时美国驻华公使转给总理衙门一封美国各大学校长的联名信，恳请中国不要撤回留学生。但奕䜣鉴于当时慈安太后突然病死，慈禧太后重出独揽大权，办事更加谨慎，终于同意召回全体学生，分三批回国。大多数学生中断了大学学业，还有的正在中学读书，不得不中途辍学返国。中国近代官费赴美留学的第一次尝试，就这样半途而废了。

（三）洋务派与顽固派对待西方文化的不同态度

在关于设厂制造船炮机器、筹备海

防和建筑铁路的问题上也充分地表现出
了洋务派与顽固派在对待西方文化问题
上的不同态度。顽固派指责洋务派自己
制造船炮是白白浪费国家财富；特别反
对推行耕织机器，他们认为士农工商四
民之中，农民占绝大多数，自古以来男耕
女织，各司其职，这是治国安邦的根本
所在，如果机器得到逐渐推广，会导致失
业人口增加，造成大量流民，不利于天
下稳定。他们反对洋务派开采矿藏、修

筑铁路、筹设银行、便利商民等措施，认为"历史上圣君贤相谋求富强的方法都是皆重农抑商"。洋务派甚至认为开矿修路，会"震动地脉""破坏风水"，要求"永远禁止"。他们对经办近代工矿的洋务派，不断进行人身攻击，指责周馥、盛宣怀、杨宗濂、马建忠等人，说他们常被人们抨击，也多次被官府弹劾，却总是以精通洋务号称，实际上只是看一些国外的书，就讲什么所谓的新法，表面上创办什么工厂，暗中是为了一己私利。顽固派认为洋务派都唯利是图，和外国勾结起来侵害中国，特别对其中商人买办出身的人员，更是十分轻蔑。如攻击丁日昌在洋行中工作，狐假虎威，心术不正，实在是小人之最，攻击唐廷枢等是洋行仆役、奴才，大肆揽财，称他是祸国的奸商、害民的巨头。至于洋务派官僚在经济活动中所暴露出来的一些贪污腐败弱点，更成为顽固派进行攻击的炮弹和把柄。

顽固派对洋务运动和洋务派的上述攻击，显然是站在封建自然经济的顽固保守立场上，无疑是错误的和违反时代进步潮流的。而洋务派则满足于农民革命已被镇压下去以及对外维持和局的现状，自诩为"同光中兴"的功臣，确信所从事的"求强""求富"活动获得了成功。他们局限于"中学为体，西学为用"的框架，不愿也不敢全面学习西方。

顽固派和洋务派的争论，反映了中国的封建统治集团中不同政治势力对于外来先进技术与文化的不同态度。顽固派毫无接受新事物的心理准备与认识能力，对中国的进步与发展根本起不到推动作用，只能产生负面的阻挠作用。洋务派能够接受新的事物，希望借鉴外国的技术加强中国军事实力，以抵抗外国的侵略，但他们的根本目的仍是维护清廷的封建统治，而不是真正进行现代化的改革。

五、洋务精英和洋务实践

顽固派和慈禧太后对洋务派的活动都十分不满。但是，经受了两次鸦片战争的打击和国内人民起义冲击，清朝统治者第一次感到了生存危机。而在洋务派兴起和与顽固派论争的过程中，清政府统治集团内部在中央形成了以奕䜣为首的洋务派。爱新觉罗·奕䜣（1832—1898年），道光帝的第六个儿子，咸丰帝同父异母的弟弟，1851年（咸丰元年）被封为恭亲王。辛酉政变后，成为当权派的重要人物，掌管军机处及总理衙门。奕䜣大力主张借助洋人的军事援助消灭太平天国，支持地方实力派曾国藩、李鸿章、左宗棠等举办近代军事工业，开展洋务活动，成为清廷中枢主持洋务的首脑人物。在洋务运动过程中奕䜣给予地方洋务派政策上的大力支持。而在地方，则形成了以曾国藩、李鸿章、左宗棠为主要代表的地方实力派，成为洋务运动的践行者。

在太平天国战争、第二次鸦片战争过程中，尤其是"借师助剿"以后，曾国藩、左宗棠、李鸿章等众多清朝将领、

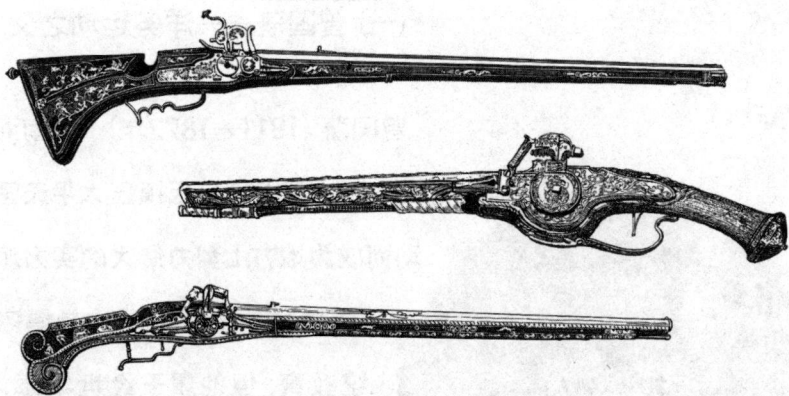

谋士及朝廷官员，都切实感受到洋枪洋炮的无坚不摧和所向披靡，上上下下都渴望得到这些威力强大的新式枪炮，用以对付少量拥有这类武器的太平军和捻军，并壮大自己的政治力量。但进口枪炮和弹药的价格无疑是高昂的，正是由于清政府财政拮据而出现的湘军、淮军等地方性军队不可能拥有大量财力进口洋枪洋炮。为了应对频繁的内外战争，也为了扩张军事实力和政治资本，曾国藩、李鸿章等人先后向清廷提出开办西式军工厂，生产新式枪炮，他们成为洋务运动的奠基人。

（一）曾国藩——洋务运动之父

曾国藩（1811—1872年），湖南湘乡人，出身于地主家庭，因镇压太平天国运动而成为地方上势力最大的实力派。

曾国藩虽然长期接受的是儒家传统教育，但他属于经世学派，他强调，人要重视实践。可以说他是洋务运动的奠基人。中国在第一次鸦片战争后签订的《南京条约》，就使曾国藩认识到"大局已坏"。第二次鸦片战争后，他更加清醒地意识到，外国侵略者一次又一次发动侵华战争，所凭借的无非船坚炮利。中国要自强要抗击外来侵略，也需要船坚炮利，要船坚炮利非办洋务不可。1860年12月曾国藩上奏折说："无论目前资夷力以助剿、济运，得舒一时之忧。将来师夷智以造炮制船，尤可期永远之利。"曾国藩并不赞成清政府"借师助剿"来镇压太平天国，认为那只是权宜之计，"永远"的目标则是自强、御侮。

曾国藩作为政治家的远见卓识，非当时一般达官贵人所能比拟。他的向西方学习、兴办近代工业、造炮制船的主张与魏源的"师夷长技以制夷"振聋发聩的口号相比，毫不逊色。这里，曾国藩已经喊出了兴办洋务运动的第一声。曾国藩不仅大声疾呼倡导洋务，而且身体力行，把洋务从口头上、纸上付诸实践。1861年攻克安庆后，曾国藩便率先开办了中国第一家军事工厂——安庆军械所，"制造洋

枪洋炮，广储军实"。该厂主要用手工方式生产旧式抬枪、土炮和弹药、炸包等旧式武器，供湘军使用，没有外国人参与。严格地讲，这个军工厂还不是洋务企业，但一直以来人们把它视为洋务运动开始的标志。后来，李鸿章、曾国荃等纷纷强调洋枪洋炮的威力，引起了曾国藩的重视。1863年，他召集一百多位算学、天文、机器方面的专家，研究如何兴办洋务事业。广东香山人容闳建议先建一座专门生产机器的机器母厂，曾国藩同意并派他前往美国采办。1865年6月，江苏巡抚李鸿章在上海虹口购买了美商旗记铁厂一座，设备比较齐全，这为曾国藩的事业带来了新的希望。李鸿章将铁厂买下，改名为"江南制造总局"。曾国藩在1863年便有此意，值此契机，更全力支持，共同筹办，并始终予以极大关注。在曾国藩苦心经营下，江南制造总局面貌一新，欣欣向荣，成为当时国内最大的兵工厂。

在办洋务的过程中，曾国藩看到，洋人制造机器，全靠数字推算，其中奥妙，均以图纸为准。然而，由于彼此文意不通，虽然每天都和机器打交道，但并不清楚其使用机器与制造机器的原理。要解决这一问题只有靠翻译，曾国藩认为，"翻译一事，系制造之根本"。1867年，他在"机器母厂"特设"翻译馆"，聘请英国伟烈亚力、傅兰雅、美国玛高温以及徐寿、华蘅芳等主持译务。这个翻译馆就成为中国政府创办的历史最久、出书最多、影响最大的翻译中心。这家翻译馆不少译著的出版问世，不仅为启迪和培养中

国近代科学技术人才作出了贡献，为中国近代许多科学奠定了基础，而且对近代思想界也产生了巨大的影响。同治末年，曾国藩开办的江南制造总局的"译书馆"已译成书籍数十种，至光绪末年，多达170余种，翻译的范围涉及算学、电学、化学、声学、光学、天文、地理、历史、政治、交涉、兵制、兵学、船政、工程、学务、农学、矿学、商学、医学、图学、格致等各个领域，这就大大开阔了人们的视

野，对推动近代科学技术的发展、西学东渐、中西文化的交流等，都具有特别的意义。

曾国藩所倡导的洋务运动，继承了魏源的"师夷长技以制夷"的思想，提出了"自强、求富"的主张，作为近代化运动，其进步意义不可低估。洋务运动虽不具有资本主义的性质，却由此引入了西方机器生产，一定程度上促进了工业发展，对外国资本起到了一定的抵制作用。作为开办中国第一家近代军事工厂、制造中国第一艘轮船、创建中国第一家大型多功能近代工业基地、建立中国第一个翻译馆、派出中国第一批留学生的"洋务运动之父"，曾国藩的功绩彪炳史册。然而，由于封建地主阶级的局限性，曾国藩所谓的"自强之道"，不过是日暮途穷的封建地主阶级在民族危机日趋严重的形势下提出的一个解决中国现实出路问题的政治方案，并直接导致了洋务运动的兴起。洋

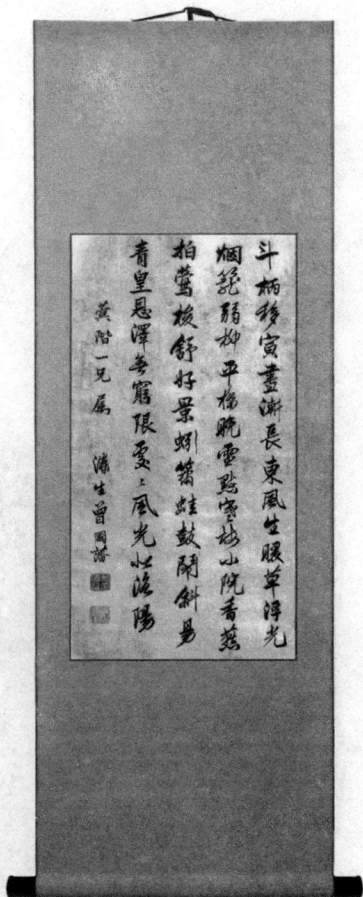

务运动最终没能使中国富强起来，甲午中日战争中北洋海军全军覆没标志着洋务运动的彻底失败。洋务运动本身所具有的封建性、对外国的依赖性和管理的腐朽性，也决定了洋务运动最终不可避免的失败命运。

（二）李鸿章——洋务运动的集大成者

李鸿章（1823—1901年），洋务派地方代表。字少荃，安徽合肥人，道光进士。1853年，在籍办团练、协助镇压太平军过程中，屡遭失败，投靠曾国藩当幕僚。1861年在安徽按湘军编制，组织淮军。李鸿章在率领他的淮军镇压太平天国和捻军过程中成为清廷中足轻重的人物，也是洋务运动中最重要的人

物。以李鸿章为首的淮系集团是兴办洋务成效最大的一个。李鸿章，可以说是一个伴随着近代洋务运动潮流而出现的标志性人物。

　　还在与太平军作战的时候，李鸿章就显露出他与大清国一般官员的不同之处：他对外国的科学技术和经济活动有极大的兴趣。最初的动机是他组建的淮军需要银两购买武器，李鸿章利用上海富绅的银两引进洋人的机器设备，创办了中国第一个近代军工企业——上海洋枪

三局。李鸿章算过一笔账：一发英国的普通炮弹在市场上要卖到三十两银子，一万发铜帽子弹要卖到十九两银子。大清国凭什么要把白花花的银子给洋人？创办近代企业需要的不仅仅是财力，更重要的是思想和观念的更新。李鸿章还具有变局意识，这种意念集中体现在他提出的"数千年未有之变局"和"数千年未有之强敌"的重要命题中。这种变局实际上就是指长期停滞于封建社会的中国面临着资本主义列强征服世界并按照自身面貌改造世界的潮流，而资本主义列强之所以能够称雄世界，则根源于资本主义生产方式，以及在此基础上的"轮船电报之速，瞬息千里，军器机事之精，工力百倍，炮弹所到，无坚不摧，水路关隘不足限制"。因而李鸿章断言资本主义列强实为中国数千年未有之强敌，面临强敌，中国必须自强，因此，李鸿章提出了一系列改革方案。李鸿章认为，商业和工业是西方富强的根本，中国要自强，也必须

学习西方，大力兴办工商业，于是，他提出了"商战"的口号，说"习兵战不如习商战"，商战有"形战"和"心战"之分。想要"安内攘外"，就要练兵将，制炮船，备有形之战以治其标；学习西方的农、工、商之学，裕无形之战以固其本。但是，如何标本兼治呢？李鸿章认为："一变旧法，取法于人，以收富强之实效；一法日本，振工商以求富，为无形之战；一法泰西，讲武备以图强，为有形之战。"当然，要使中国富强，光靠商业是不够的，还必须借用洋器洋法，发展机器制造，兴办各类工矿、交通事业等。李鸿章鼓吹振兴商务，举办实业，除了要开拓利源，求强求富外，还有一个目的就是希望分享洋商的利润。要达到这一目的，就必须首先学习外国的工商业及技术，以此来制约外国在中国的工商业。洋务运动的重点前后有所不同。大体说来，19世纪六七十年代，以"求强"为主，即适应战争和军事的需要，把重点放在训练新式军队和建设军事工业上。中国近代早期的四大军工企业中，李鸿章一人就创办了三个，它们分别是江南制造总局、金陵制造局、天津制造局，1865年，李鸿章让丁日昌购买了设在上海虹口的美商旗昌铁厂，合并原由丁日昌、韩殿甲主持的两个炮局，于9月奏准成立江南制造总局，后来又把容闳所购买的机器合并在一起。1867年江南制造总局迁到上海城南高昌庙，建造机器厂、洋枪楼、汽炉厂、木工厂、铸铜铁厂、熟铁厂、轮船厂等。后来，该局于1868年—1870年间，陆续设立翻译馆、汽锤厂、枪厂，并在龙华镇建厂制造洋枪细药及铜帽炮引，逐渐把它建设成为一个以生产枪炮弹药为主、辅之以修造船舰的综合性新式军用企业。1865年，李鸿章升至两江总督后，将马格里主持的苏州洋炮局迁到南京，在雨花台设厂，改称金陵机器局。此后，逐渐扩充规模，改良设备，制造多

种口径的大炮、炮车、炮弹、枪子和各种军用品。

《北京条约》后，李鸿章痛定思痛，向慈禧奏请创办夷务，仿造洋枪洋炮，用来抵御列强入侵，慈禧批准在近海的天津建立军火工业基地，由三口通商大臣崇厚承办，目的是牵制李鸿章的势力。从设计到机器，再到技师，全部来自英国，分东局与西局两部分，东局以制造火药、枪炮、子弹为主，西局制造军需物资和器具。当时它在中国与江南制造总局、金陵机器局并称三大军火工业基地，但规模并不大，在鼎足而立的形势下，位列第三。令人痛心的是，崇厚毫无办厂经验，只知捞钱，两千工人的工厂里，肯干活能干活的人并不多，不会干活的人只要花钱

勿 忘 国 耻
咸丰奏准《北京条约》处

1860年10月28日（九月十五乙巳），咸丰皇帝在此殿西暖阁被迫签准同英、法、俄的《北京条约》，将香港对岸的南九龙割让给英国，承认《瑷珲条约》中，将黑龙江以北，乌苏里江以东一百多万平方公里领土割让俄国的丧权辱国条款有效。

NO FORGETTING THE NATIONAL HUMILIATION
Emperor Xianfeng signed Beijing Treaty here

On October 28,1860(September 15 by lunar calendar),it was in the warm chamber Xianfeng was forced to sign Beijing Treaty with Britain, France and Russia which ceded south Kowloon to Britain and to admit Aihui Treaty through which more than 1000000 square kilometer territory that lies to the north of the Heilongjiang river and to the east of Wusulijiang river was ceded to Russia .

就能进厂，天津机器制造局成了典型的官
僚办厂。出了废品也不闻不问，成了吞吃
国库银两的无底洞。李鸿章大刀阔斧地
进行改革，解聘操作不严谨的技师和一
些提笼架鸟的吃闲饭的人，并从金陵、江
南两厂调来熟练工人，气象为之一新。几
年的工夫，三足鼎立的军火工业形成天
津机器制造局一枝独秀的局面，一度跃
居亚洲第一。天津机器制造局，最初是
仿造，然后是创新。最值得大书特书一笔

的，是直到军事工业高度发展的今天，仍属高难度产品的潜水艇，把它从纸上的设想变为水中的实物的，也就是全世界第一个潜水艇试制品，正是出自天津机器制造局。这艘试制的潜水艇的研发，比西洋试制的早了六个春秋。

19世纪七八十年代，在继续"自强"活动的同时，洋务派又提出了"求富"的主张，强调兴办近代民用企业，把"自强"和"求富"作为洋务事业的总体目标。1872年底，李鸿章首创中国近代最大的民用企业——轮船招商局，由此奠定了"官督商办"政策的基调。后又相继开办一些民用工业，在整个七八十年代，李鸿章先后创办了河北磁州煤铁矿、江西兴国煤矿、湖北广济煤矿、开平矿务局、上海

机器织布局、山东峄县煤矿、天津电报总局、唐胥铁路、热河四道沟铜矿及三山铅银矿、津榆铁路、上海华盛纺织总厂等一系列民用企业，涉及矿业、铁路、纺织、电信等各行各业。

1872年内阁学士宋晋上疏，借口制造船舰靡费多而成船少，奏请福建、上海两局暂行停止制造。李鸿章复奏指出，宋晋的主张代表了顽固守旧势力的迂腐之见，国家诸费皆可节省，惟养兵设防、练习枪炮、制造兵轮之费"万不可省"，否则"国无与立，终不得强矣。"他深知国家经费困难，要继续制造轮船，就"必须妥筹善后经久之方"。为此，提出两条具体办法：一是裁撤沿海沿江各省的旧式艇船而代之以兵轮；二是福建、上海两局兼造商船，供华商使用，华商为了同垄断中国航运业的洋商竞争，应自立公司，自建行栈，自筹保险。他指出："船炮机器之用，非铁不成，非煤不济，英国所以雄

强于西土者，惟借此二端耳。"福建、上海各厂每天需外国煤铁极多，一旦中外关系紧张，外国对华采取禁运措施，各铁厂就势必坐以待毙，所有轮船也必将因为没有煤而寸步难行。中国煤铁矿藏丰富，外商垂涎三尺，处心积虑地攫取中国内地煤铁开采权。他认为中国"诚能设法劝导官督商办，但借用洋器洋法而不准洋人代办，此等日用必需之物，采炼得法，销路必畅，利源自开，榷其余利，且可养船练兵，于富国强兵计，殊有关系"。经过李鸿章等的力争，清廷不仅否定了宋晋的停造轮船的主张，而且为洋务派兴办轮船招商局和用西法采煤炼铁开了绿灯。

李鸿章为了"自强""求富"，企图通过兴办民用企业，解决军事工业的原料、燃料供应、"调兵运饷"的交通运输困难和"练兵练器"的经费问题。1873年，轮船招商局正式成立。李鸿章给招商局的定位是：没有大事的时候，轮船可以运粮食和载客；有战事时，可输送军火。他还希望在航运上可以和外国的船只抗衡。之所以叫作招商局，是因为李鸿章采用招商集资的方式来解决经费问题。招商局是先由官商合办、后改官督商办的民用企业。其余洋务企业，如电报局、唐胥铁路、开平矿务局等，李鸿章作为直隶总督兼北洋大臣，均有程度不等的参与。其后，为了适应洋务运动的发展，培养中国自己的人才，李鸿章创办新式学堂。1863

年李鸿章在上海创办广方言馆培养外语翻译人才，并上奏在天津设水师、武备、管轮、电报、医学诸学堂，海陆军又各自立学堂。在兴办新式学堂的同时，李鸿章还主张向外国派遣留学生。

李鸿章洋务生涯中最重要的成就是训练创建新式军队、筹办海防。1862年，李鸿章率领淮军由安庆到达上海，盛赞英、法军队"器械之鲜明，队伍之雄整"，表示要及时"资取洋人长技"，在外国侵略者的支持下，他利用上海的有利条件和充足饷源，大力购买洋枪洋炮，雇佣洋人教习，极力扩充军队。除此以外，整顿海防、筹建新式军队，是洋务事业的又一个重要措施，也是李鸿章对近代

军事的一大建树——把海防提到战略位置，建立了中国第一支海军。李鸿章早在第二次鸦片战争后，就关注了海防问题。他虽然不是中国近代第一个关注并提出海防思想的人，但却是中国近代第一个提出海防比陆防重要、应该建立一支强大的海军以加强海防的主张，从19世纪70年代开始，中国近代海军开始出现在洋务运动过程中。1874年日本进攻台湾，对清政府刺激很大，使清政府认识到日本将"为永久大患"。洋务派提出了"练兵、简器、造船、筹饷、用人、持久"等六条具体措施的"海防议"。李鸿章是"海防议"最坚决的支持者，他除了支持总理衙门和丁日昌关于建立新式海军和配备海防近代化枪炮武器外，还建议将沿江、沿海各省陆军"认真选汰，一律改为洋枪炮队"，清政府最终采纳了这些建议，任命李鸿章、沈葆桢分别督办北洋和南洋海防，又决定每年拨银四百万两作为海

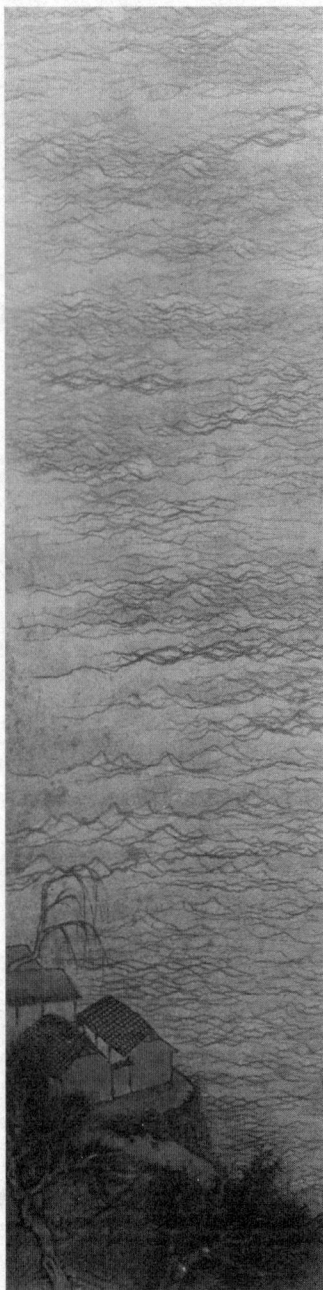

防经费，这成为中国近代海军的开端。19世纪70年代中期，清政府内部爆发了一场关于海防和塞防的大争论，这场争论直接推动了清王朝国防建设的近代化。1875年，由两江总督沈葆桢、直隶总督李鸿章等人倡议，经总理衙门核准，每年调拨400万两作为经费，计划在10年内建成南洋、北洋、粤洋三支水师1884年三洋海军初具规模。

　　1885年中法战争爆发，8月23日，中国南洋舰队在福建海面的马江，与海军世界排名第二的法国海军船队进行作战，在短短的40分钟内，南洋舰队就被击沉。这件事极大地刺激了清政府，建设一支海军的想法再次被提出，而且，这次是全国上下，朝廷各派别意见是出奇的一致。主持这项工作的就是北洋通商大臣李鸿章。在短短的3年内，李鸿章就把海军建立起来，而且成为世界海军强国。北洋水师是清政府的海军主力，它从创办到1895年全军覆没，一直归李鸿章管辖，是李鸿章经营最久、付出最多、也最为得意的一项重要洋务事业。北洋海军于1888年建立起来，共有军舰25艘。而且这支中国历史上的第一支海军甫一诞生，就是亚洲海军第一，世界海军第七。1888年颁布的《北洋海军章程》是中国第一个海军条令，规定很具体。有些规定到今天还在发挥效用。比如，海军舰艇官兵不得到岸上住宿，只能在舰艇上居住。这些章程在世界上也是先进的。海军与陆军不一样，几乎从其成立那天起，海军的技术成分就高于陆军。在陆军，即使你目不识丁，也并不影响你晋升。但在海军不行。北洋海军的军官分为战官和艺官，相当于指挥军官和技术军官。《北洋海军章程》规定，无论是战官和艺官，都必须从正规的军校毕业，也就是水师学堂毕业，经过专业学习与训练才能担任，不经军事院校培训，就不能任军官。这在中国

军事史上还是第一次。这项规定明确否定了直接从行伍的士兵中提拔军官的可能性，大大提高了军官的质量。这种情况只能在海军出现。北洋海军的士兵的招募也是同样严谨的。根据《北洋海军章程》，要求士兵必须会写自己的名字，粗通文字，懂得舰艇知识。因为，舰艇上专业技术兵多达几十种，如旗兵、舱兵、油兵、鱼雷兵、鱼雷匠、升火兵、电灯兵、锅炉兵、洋枪兵、油漆兵、帆兵、木匠、铁匠等等，这些士兵的专业技术工作都不是一般的农民所具备的。

李鸿章深知清朝军事制设和教育远远落后于西方，要开展近代化的军事改革，必须从人才的培养入手。清政府重视军事人才建设表现在：一是选送可塑之材出国学习。北洋海军绝大多数管带，也就是舰长，都有留学英国的经历；二是建立新式军校。1880年，李鸿章"参酌西国成规"，创办了天津水师学堂，培养炮船、快船和铁甲舰所需的技术人才。在当时，建立海军学校，即便在世界上也是一个新事物。美国海军学院也不过成立于1884年。所以，李鸿章创设天津水师学堂，即中国近代海军学院，实在可以说得上是一件"开北方风气之先，立中国兵船之本"的大事。此后，李鸿章在天津、威海卫等地还办了船政学堂、水师学堂、武备学堂、鱼雷学堂等一批新式军校。中国近代一些有名的人物段祺瑞、徐世昌、冯国璋、黎元洪等，都出自这些学堂。

（三）左宗棠——自力更生办洋务

左宗棠（1812—1885年），字季高，湖南湘阴人。清末大臣，洋务派地方代表。左宗棠开始办洋务，是19世纪60年代中叶的事。但是，早在第一次鸦片战争期间，他就已经很注意了解"夷情"了。据他自己说："自1839年（道光十九年）海上事起，凡唐、宋以来史传、别录、说部及国朝志乘、载记、官私各书有关海国故事者，每涉猎及之，粗悉梗概。"左宗棠了解夷情是为了对付外国侵略者，因此，第一次鸦片战争失败后，他就针对"泰西各国，火轮兵船直达天津，藩篱竟成虚设，星驰飙举，无足当之"的严重被动局面，积极主张中国应该制造轮船，筹建新式海防，以便"师其长以制之。"

在这个时期的洋务运动中，创办阻力最大、耗费最多、发展最艰辛、日后亏

损最大、非议最多、夭折最早、历史评价
却反而最高的军工厂，无疑是左宗棠竭力
创建的福建船政局及其马尾船厂。1864
年，左宗棠在闽浙总督任上，开始把他早
年的主张付诸实施，积极筹备自造轮船。
同年，左宗棠聘请曾在法国海军服役过
的德克碑和日意格，与中国工匠一起在西
湖试制出中国近代史上第一艘机动船，
但航速很慢。1866年，左宗棠转战福建
后刚一个月，便奏请在福州马尾创建福
州船政局和马尾船厂。他认为："要杜绝
海患，欲防海之，非整顿水师不可；要想
整顿水师，必须设局监造轮船。"得到慈
禧太后批准之后，左宗棠仍聘请德克碑
和日意格负责技术和机器设备采购，并
要求派中国技师随同考察、学习。该局的
创办经费为白银47万两，由福建海关税
收款支付。第二年，左宗棠被调任甘陕总
督，督师西北，平定叛乱。为确保船政事
业不致夭折，他奏请朝廷重用林则徐女

婿沈葆桢为船政大臣，并强调一定要把福州船政局和马尾船厂建造成中国人自己的船厂。

在左宗棠的坚决要求下，朝廷还把刁难船政局的继任闽浙总督吴棠调换。后来，担任福建税务司的法国人和法国驻福州领事也来干涉，甚至要求将船政局纳入海关，由法国人管理，都未能得逞。1869年1月10日，马尾船厂制造的第一艘轮船、1370吨的"万年青"号下水，并由中国舵工和水手驾驶开往天津。抵达终点时，成千上万的中外人士前来观看，无不为之赞叹。左宗棠创办马尾船厂的目的是十分明确的。他认为中国的海防太落后，旧式的海船根本无法与西方列强的火轮船相匹敌。他不甘落后，主张学习西方，迎头赶上，彻底改变海防面貌。他否

定了当时一些人只知雇募洋船、不敢自造的错误做法, 坚决主张自己动手, 他"设局制造", 认为"雇募仅济一时之需, 自造实无穷之利也", 表示"虽难有所不避, 虽费有所不辞"。他的具体办法是, 先由外国购置机器、轮机, 配成大小轮船各一艘, 然后让中国工匠学造, "以机器制造机器, 积微成巨, 化一为百。"为了掌握西方先进技术, 培养人才, 他在设立马尾船厂的同时, 还开办学堂, 延聘西洋技师, 教习英法两国语言文字、算法、画法和各种专门技术; 凡精通业务, 能够驾驶轮船的优秀学员, 不论弁兵各色人等, 一律破格录用。左宗棠还援引西洋各国与俄罗斯、美利坚"互相师法, 制作日精"的先例, 满怀信心地断言, 以中国人的聪明才智, 仿制轮船, 要不了几年功夫, 一定能够推陈出新, 后来居上。他曾设想以五年时间制造轮船十余艘, 布置沿海, 保卫国防, 与西方列强争雄海上; 然后进一步

臺閣山林本無異
典謨雅頌用所長
左宗棠

添置机器，触类旁通，发展各种军用和民用工业，如制造枪炮、铸钱、治水等等。1872年，内阁学士宋晋等人以国际环境已经和平、船政局耗资巨大等等理由，奏请停办。在左宗棠、沈葆桢等的强烈坚持下，船政局未被撤销。

1867年，左宗棠调任陕甘总督，"身

虽西去，心犹东注"。任陕甘总督期间，他
对洋务运动仍然抓得很紧。1869年，左宗
棠创办西安机器局，不久随西征军迁往
兰州，1871年，改为兰州机器局，制造枪
炮等新式武器。兰州机器局保证了西征
军的军火供应。又因西北盛产羊毛，1880
年，左宗棠又创设兰州机器织呢局，从德
国购置机器，延聘德国匠师，约定任期，
把全部技术传授给中国学徒。他对兰州
机器织呢局抱有很大希望。曾表示："今
日学徒，皆异日师匠之选。将来一人传十，
十人传百，由关内而及新疆。以中华所产
羊毛，就中华织成呢片，普销内地。甘人
自享其利，而衣褐远被各省，不仅如上海
黄（道）婆以卉服传之中土为足称也。"此
外，他还鉴于西北地区旱灾频仍、水利不
修的严重情况，多次托人在上海购置西
洋开河、凿井等新式机器，运到甘肃，以
发展甘肃的农田水利事业。他深信："此
种机器流传中土必大有裨益，与织呢、织

布火机，同一利民实政也。"值得注意的是，对民用工业，左宗棠还提出了官办不如民办、"以官办开其先，而商办承其后"的主张。他说："若由官给成本并商之利而笼之，则利未见而官已先受其损，盖商与工之为官谋，不如其自为谋，其自为谋也尚有工与拙之分，其为官谋更可知也。"作为洋务派的头面人物之一，左宗棠办洋务，虽然其根本目的是维护地主阶级的统治，但其侧重点显然是为了反抗外国侵略和发展民族经济，反映了他具有一定的自力更生办洋务的思想特点。

除曾、左、李外，张之洞也是洋务派的重要代表人物。张之洞（1837—1909年），字孝达，号香涛，直隶南皮（今河北南皮）人。1863年成进士，先后任湖北学政、四川学政、翰林院侍讲学士等职，1882年任山西巡抚。中法战争爆发，张之洞力主与法决战，被清政府任命为两广总督，张之洞捐银三千两奖给抗法将领刘永福，并奏请起用前广西提督冯子材督师。冯子材在镇南关、谅山大败法军，张之洞也因此名声大振。他于1889年任湖广总督，在湖北建成湖北织布局、汉阳炼铁厂、汉阳兵工厂等，成为与李鸿章齐名的洋务要人。

在洋务实践的过程中，值得注意的是，洋务派经营的这些近代企业，是以不改变封建生产关系为前提的。所办企业，具有很强的对外依赖性、封建性和一定程度的垄断性。因此，洋务派要在中国兴办近代工业企业和筹办海防，都不得不在工业技术、资本乃至管理上受帝国主义的左右和牵制，因而也就不可避免地在一定程度上加深了帝国主义对中国政治、军事和经济的控制。

六、洋务运动失败的原因

洋务运动历时三十多年，以"中学为体，西学为用"为指导，以"自强""求富"为目的，希望利用先进的技术维护封建统治，但甲午中日战争的最后结果证明，洋务运动没有使中国走上富强的道路，而是以失败告终。分析原因，有如下几个方面：

(一) 封建主义的压迫

推行洋务运动的洋务派代表人物在中央有恭亲王奕䜣、军机大臣文祥、桂良；地方大吏有曾国藩、左宗棠、李鸿章、沈葆桢、丁日昌、郭嵩焘等。他们虽然掌握着一定的实权，但是在朝廷中有为数不少的大臣官僚、士大夫反对他们的主张，生怕洋务运动的发展危及他们的既得利益，于是在政治上、经济上和舆论上进行多方的钳制和阻挠。他们或以理学权威自命，或以孔孟之徒自居，或以

"帝师"为尊，具有相当强大的社会基础。对于这次运动，这一时期的实际最高掌权者慈禧太后的态度显得尤为重要。慈禧作为"顽固势力的总代表"，"一贯顽固守旧"，而且她为了独掌大权，施展权术，一手扶植了那些反对奕䜣和洋务派的顽固势力，暗中放任清流派，借用他们的言论牵制洋务派；一手又重用和支持洋务派，同意他们推行"自强新政"。慈禧太后巧妙地施展其政治手腕，逐渐地缓解来自各方的阻力。在这样一个掌权者的统治下，洋务运动必定难以大刀阔斧地前进。

(二) 帝国主义的阻挠

帝国主义的阻挠和破坏是洋务运动失败最重要的因素。在半殖民地半封建社会的历史条件下，外国资本帝国主义决不会愿意也不可能允许中国通过兴办洋

务强盛起来。因此，他们在表面上扶植、支持洋务运动的同时，又不断采取政治的、经济的、外交的乃至军事的手段进行侵略和控制。而洋务派的某些重要首领，对于外国资本主义的压力，又多是报以妥协退让的态度。没有国家的独立，就无法保障民族经济的发展，"自强""求富"的愿望也就只能落空。比如上面提到的官督商办企业，除受到封建主义的束缚外，外国侵略者为了在华攫取更多的利益，又利用获得的种种特权，极力排挤和打击中国近代工商业的发展，官督商办企业在这样的内外夹击中艰难发展。至于军事方面，甲午海战更是显现了列强的态度，先是反对丁日昌炸舰沉船以免资敌的命令，英国顾问浩威又在丁日昌死后假托他的名义起草降书，缴出残余战舰十一艘及刘公岛炮台和军资器械，向日军投降。这就是洋务运动中雇用的外籍教官。所以在这些封建主义和帝国主义的压迫阻挠下，洋务运动最终以失败告终，历史证明，洋务运动不能救中国。

（三）洋务派不触动封建制度

洋务运动的推动者、实践者作为封建统治集团内的重要政治派别，其兴办洋务的目的在于维护清王朝的统治，而根本不想去触动封建制度，也不想改变传统思想，甚至连他们本人也是传统思想的信徒，这是洋务运动失败的根本原因。保守派与洋务派的分歧不在根本的思想认识上，而在于对具体问题的看法与做法上。当然，与保守派相比，洋务派还算进步的。他们毕竟睁开了一只眼睛，主张"师夷之长"。尽管这种"长"完全是技术性的。洋务派没有从根本上摆脱封建传统文化，这才是洋务运动失败、中国早期现代化进程极为缓慢的根本原因。

七、洋务运动与中国近代化

　　洋务运动作为清政府统治集团内部开明派发起的一次自强自救运动。它引进了西方资本主义国家的一些近代科学生产技术，培养了一批科技人员和技术工人，在客观上刺激了中国资本主义的发展，对外国经济势力的扩张也起到了一些抵制作用。从某种程度上讲，是洋务运动开启了中国近代化之门。

(一) 洋务运动与军事近代化

洋务运动一开始的目标是巩固国防创办"自强新政"以"求强"，具体表现为开办近代军事工业、创建新式军队、购买国外新式武器。1862年（同治元年）清廷下令都司以下军官一律开始学习西洋武操，各省防军开始更换新式武器，同年曾国藩在安庆设军械所，李鸿章在上海设制炮所，中国的近代军事工业的建设由此拉开序幕。短短几年间，在李鸿章等洋务派领导人的主持下，中国的近代军事工业体系基本建成，火枪、大炮、弹药、蒸汽战舰都已能够在国内建造，其决心之大、动作之快令中外为之震惊，这是近代中国历史的一次大飞跃，从此中国大地上有了自己的近代军事工业。

洋务派通过引进西方国家的先进的科学技术与现代化的生产方法，先后建立起一批以大规模机器生产为特征的军

事工厂，使中国的军事工业从无到有；以军事工业的开展为契机，洋务运动开设了一些军事学校，培养了一批近代军事人才；通过对西方新的洋枪洋炮的使用，西方近代化的军制与训练方法开始进入中国；同时在"三千年未有之变局"的新形势下，随着西方近代战防思想的不断传入，中国古代的军事思想不断被注入近代化的内容。通过器物、教育与制度层面的互动，洋务运动在物质与制度、人力资源等方面为中国军事的近代化奠定了基础。一方面，对于中国自身来讲，它是清军使用原始的冷兵器的比例减少与近代先进火器使用比例逐步上升的过程；另一方面，从中外武器对比来看，它又是装备近代洋枪洋炮与铁甲战舰的清军，与列强的武器差距逐步缩小的过程。因此，洋务运动的过程也就是中国军事近代化的过程，为日后中国军事近代化道路奠定了基础。

（三）洋务运动与近代政治经济

从经济上讲，洋务运动是近代中国的一次"求富"运动。洋务派在兴建军事工业的同时，需要巨额的资金投入，为此"百方罗掘"但仍"不足用"，洋务派领导人李鸿章认为西方各国均先以工商致富，再由富而强，认为"求富"是"自强"的先决条件。于是洋务派开始将工业范围扩大，兴办民用工业以"兴商务，竣饷源，图自强"。以创办机器大工业工厂为主要内容，是19世纪世界经济近代化潮流的一个组成部分。洋务运动陆续兴办了煤矿、铁厂、缫丝厂、电厂、自来水厂、织布厂、电报、铁路等近40个近代民用工矿交通企业，至1894年为止，这批洋务企业的资本达263443元，占当时近代企业资本总额的45.22%，工人总数34110—40810人，占当时近代企业全部工人数的37.33%—41.62%。随着洋务运动的深入进行，那

些达官显贵以办洋务为荣，再不以经商为耻，从根本上动摇了几千年的中国农业文明"重农轻商"的观念。重农抑商政策从根本上导致了中国社会的落后，是近代中国落伍于西方的重要原因。幸而日后由于时势的发展，洋务派领导人体会到列强经济侵略的严重性，掀起了以富国富民为主的重商运动，为清朝自强带来新的活力，使中国的现代化商业萌生并渐渐成长。而洋务派民用工业的创办打破了西方资本在中国的垄断，为国家回收了大量的白银，并为中国近代民族工业的发展打下了坚实的基础。

以"中体西用"为指导思想的洋务运动是中国现代化链条中不可分割的最初一环，对中国的政治现代化也有重要的影响。"中体西用"是洋务派的思想纲领。主张"中学其体也，西学其末也，主以中学，辅以西学"。这种思想的实质在于以西方的先进技术来巩固中国的封建专制体制。固然，洋务运动的主观目的并不是使中国走向现代化，而是以西方先进的器物捍卫封建传统。但历史进程的按钮一经启动，就会按照历史自身的逻辑向前运行。洋务派们充当了不自觉地推动历史前进的工具，为中国的政治现代化准备了多方面的条件。

（三）洋务运动与近代教育

开办近代工业、训练新军，必须要有懂得西方先进技术的专业人才，这给教育提出了新的历史任务，也开启了中国近代教育发展的大门。1862年7月11日,中国第一所新式学堂——同文馆在北京正式成立。京师同文馆是一所培养翻译和外交人才的外国语言文字学馆,馆内先后设置有英文馆、法文馆、俄文馆、天文算学馆、德文馆、东文馆等。1866年,同文馆又加设了科学馆,以便学生兼学西方的自然科学理论。同文馆的设立,是中国教育培养近代人才的第一步, 这也是中国打造近代新式学堂的开始。为了造就新时代所需的新式人才,必须"推广中西之学,宏开登进之途", 改革科举, 引进西学。在19世纪60年代思想界掀起了一股宣传科举改革的浪潮。经过洋务派多年的力争, 清政府终于在1888年顺天乡试从中录取人才, 改革传统的科举制度终于露出了一线希望。如果说洋务派的洋务活动是从"师夷长技""练兵练器"开始的话, 那么洋务派推进科举改革的努力则是以创办新式学堂为突破口的。旧的学堂已不

能适应洋务事业的需要,在洋务运动兴起的同时,洋务派就设立了类似近代学校的一些学堂。为适应洋务运动需要,在开办语言学堂的同时,洋务派还大力开办专业技术学校,以期培养掌握西方先进科学技术的专业人才。如上海江南制造局及其附设的机械学校、福州马尾船政局及其附设的船政学堂、上海电报学堂、天津电报学堂、湖北铁路局附设的化学堂、矿学堂和工艺学堂等。此外还创办了陆、海、医等军事学校。如天津水师学堂、天津武备学堂、广东陆师学堂、天津军医学堂,广东水师学堂、湖北武备学堂、南京陆军学堂等。这些军事学堂的纷纷建立,开辟了中国近代教育的新领域,也可以说中国教育的近代化主要是从军事教育的近代化开始的。而军事教育的近代化其实质是人才的近代化。这些近代学堂,是中国文化教育领域中前所未有的事物,它们在促进近代中西文化交流和学习西方近代科技方面，打开了若干窗口。洋务学堂改变了传统的教育观念并冲击了陈腐的科举制度，促使传统的书院进行改造。洋务学堂使中国近代教育避免了殖民化的道路，代表着中国近代教育发展的方向。

在洋务派的倡议下，1872年开始向海外派出留学生，在多年之后这些留学生成了中国军队、工业、外交方面的中坚力量，西式教育的引进在一定程度上使中国人的思想开始摆脱蒙昧状态。据统计，洋务运动期间共派出留学生200多名。这些留学生不但学习了外国语言文字和近代自然科学、军事技术以及某些社会科学知识，而且得以直接了解西方资本主义国家的社会情况。洋务运动期间，留学生回国后发挥了重要的作用，他们当中的不少人，在以后的政治、军事、外交及经济文化活动中扮演了积极的角色。在许多领域代替外国工程师工作，如福州船政局

的国产军舰都是由他们制成的。新式海军舰艇的管带、大副也大都由留学生担任，中国第一条独立修筑的铁路——京张铁路，也是留美学生詹天佑设计修筑的。虽说这些努力没能改变清朝没落的命运，对中国近代教育由传统转向现代教育的转型却有着重要影响。

(四) 洋务运动对中国外交的影响

1840年的鸦片战争是中国近代历史上的转折点，西方的武力侵略完全打破了中国两千多年的发展轨迹。面对这种突如其来的新状况，统治集团内部发生了分化，以奕䜣、李鸿章等洋务派为主流，创造出自己的外交战略，在清朝晚期的对外交往过程中产生重大影响。为加强与外界交流，中国第一个专门的外交机构总理衙门的诞生，标志中国开始了近代外交历程。

第二次鸦片战争后，政府开始重视外交，致力于培养外交人才。在第一次鸦片战争期间，与英国签订条约的官员，不谙外情，不懂外文，不懂国际公法，更谈不上谈判经验。英方代表曾说："在欧洲，外交家们极为重视条约中的字句与语法，而中国的代表们并不仔细审查，一览即了。很容易看出来他们所焦虑的只是一个问题，就是我们赶紧离开。"在洋务运动中，清政府深感外交人才的极度缺乏，于是于1862年6月创办了同文馆，设英、法、俄文三个班，培养了中国了第一批外语和外交人才，从同文馆毕业的学生中有二十八人后来做了驻外公使一级的外交官。从此中国外交官员的素质有了明显的提高，使清政府的外交有了起色。总理衙门从1868年开始，陆续与西方列强进行修约谈判，由于事先做了充分准备，研究了对策，使西方列强的侵略阴谋没有得逞。如出使英法的大臣曾纪泽，在赴

俄修约时，根据当时的国际形势，利用俄国克里米亚战争之败，又倚仗左宗棠在新疆的重兵威胁，在长达七个月的谈判中，"反复辩论，凡数十万言"，终于挽回了《里瓦几亚条约》给中国造成的部分损失，争回了伊犁周围大片领土以及有关通商、纳税等主权。

"以夷制夷"的外交政策是清朝统治者对外国侵略者的态度从疑忌转向依赖的发展过程中的产物。所谓"以夷制夷"就是这样一种政策，即利用国际关系上的矛盾，联合、利用或依附某国来对抗另外的国家，谋取实现本国的外交目的。中法战争中，由于受到近代化外交观念的影响，清政府能够比较合乎实际地估计敌我力量对比，从而坚持定见，毫不动摇。如醇亲王提出不论战争结局如何都不赔款的原则，就被政府始终坚持。李鸿章在法将威胁进军北京时，轻蔑地微笑回答，法军"要晋京，先要经过津沽，有

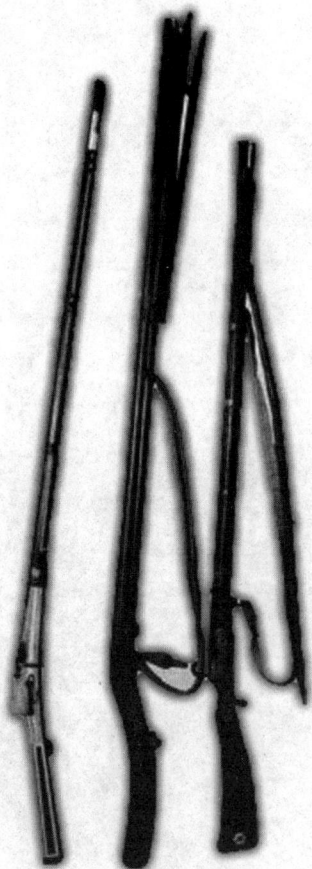

我在此，恐不易过"。如此气概，是以自身的实力为后盾的。在战争中，清政府利用了近代全方位外交，采取以夷制夷的策略，牵制法国。如清政府利用德法的世仇，令驻德使节与德国政府密切联系，并大量从德国订购武器，制造联德制法的气氛，迫使法国不得不分心防备德国，不敢在远东投入太多的兵力。但是，以夷制夷外交本质上讲是一种弱国策略，是弱国在夹缝中求生存的一种手段。在自身的实力不足的情形下，利用敌人之间的矛盾，借用别国的一些力量，有时候会起到事半功倍的效果。

八、洋务运动的评价

一百年前的洋务运动，是中国人拥抱西方物质文明的一次努力，洋务运动的倡导者和实践者们在洋务运动期间进行的各项改革，使中国向近代化迈出了可贵的第一步，是中国社会从未出现过的近代化实践活动，这种实践对中国的积极影响是不可抹杀的。但是作为封建统治集团内部一场自救运动，不可避免地存在着其历史局限性。

（一）洋务运动伴随半殖民地化程度加深

洋务派在不触动腐朽的封建制度的前提下，试图利用西方资本主义的某些长处来维护封建专制统治，这种手段和目标的矛盾，注定了洋务运动是不可能成功的。洋务派兴办近代工业之初把"平中国" 和"敌外国"一同提出，反映出国内阶级矛盾和清朝统治者同外国侵略者的矛盾并存。但在第二次鸦片战争后，腐朽的清朝统治者面对"内忧"与"外患"，洋务派只有依靠西方列强，共同镇压人民，才能维持其摇摇欲坠的政权。所以洋务运动实践的结果必然否定了"敌外国"。如果说洋务运动是一场改革，那么它只能是沿着半殖民地化的方向"改革"而已。这一点在所有列强都愿意支持办洋务的事实上得到证明。洋务运动进行了三十年，并没有使中国走上富强之路，却在"自强""求富" 的口号下，养肥了我

国第一代军阀集团。

(二) 洋务企业与外国经济的关系

洋务派主观上并不希望中国出现资本主义，甚至在其创办民用工业之时，一再表示不允许私人创办同类企业，对资本主义的产生起到一定的阻碍作用。洋务派本身的阶级局限性，决定了他们既是近代工业的创办者和经营者，也是其摧残者和破坏者，其封建衙门和官僚式的体制，必定导致洋务企业的失败。但由于洋务派在中国封建制度下，引进了同封建生产关系所不相容的新的生产力——西方先进的科学技术，必然在客观上加速了封建生产关系的瓦解，从而刺激了中国民族资本主义的产生，这是不以洋务派的主观意志为转移的。洋务派办民用工业，为了解决资金问题，采取"官督商办"和"官商合办"的方式，吸收私人

资本。这"商股"部分即是民族资本主义因素。从19世纪70年代开始，更有一批官僚、地主、商人，直接投资近代民用工业，终于使中国有了一点先进的生产能力，促进民族资本主义的产生，也就促进了资产阶级的出现和无产阶级队伍的扩大。最后，由于洋务民用工业的兴办，部分地抵制了外国经济势力的扩张。如1872年李鸿章创办轮船招商局，使"内江外海之利，不致为洋人尽占"，三年多时间里，外轮损失1300多万两，美国旗昌行也因长期赔钱和债务激增而最后被招商局兼并。湖北官织布局开织后，江汉关进口洋布每年减少十万多匹。中国资本能挫败洋商，这在当时曾被视为"创见之事"。

（三）洋务派与民主思想的传播

洋务派同顽固派的论争及其对顽固

派的批判，动摇了恪守祖训的传统及纲常名教的绝对权威地位，对于学习西方，开了好的风气。又由于洋务派组织翻译了不少外国科技书籍，派遣不同年龄和资历的留学生，因而培养了一批外交和科技人才，而介绍西方社会科学知识，对于促进民主思想的传播，也起到开一代风气的拓荒作用。在此基础上，19世纪七八十年代，从洋务官僚中分化出一批我国早期资产阶级改良主义者。

洋务派在洋务实践活动中自觉或不自觉、有意识或无意识地通过其言行，在一定时期里体现出资本主义发展的历史要求。因此，从一定意义上说，洋务运动是中国早期的近代化运动。洋务运动是在中国资本主义必然代替封建主义的历史趋势中兴起的；是在变落后为先进、变封建主义为资本主义、变贫弱为富强的变革思潮条件下发生和发展的；是在清政府遭受太平天国革命和英法联军入

侵的双重压力面前，采取"两害相权取其轻"的策略而起步的。这就是说，洋务运动的"起步"，在政治上是反动的；在实践中又是矛盾的，洋务运动的目的之一是抵御外侮，但洋务派在主持外交活动中，却坚持"外须和戎"，对外妥协投降；他们所创办的近代企业有抵御外侮和"稍分洋人之利"的作用，却不能改变中国半殖民地半封建社会地位。但引进西方先进的科学技术，以发展近代工商业为中心的近代化的改革，却是符合中国社会发展客观经济规律和作为客观经济规律的反映的变革思潮要求的。